AF229892

GAL ✝ ET ECCLESIA

AUX

Séminaristes et Religieux

OBLIGÉS DE PASSER UN AN AU SERVICE MILITAIRE

SUPPLÉMENT

à la Pochette du Conscrit français,

DEUXIÈME ÉDITION, REVUE ET APPROUVÉE

L'ANNÉE DE SERVICE ET LES VINGT-HUIT JOURS

« Diligentibus Deum omnia
cooperantur in bonum »
(Rom. VIII, 28)

LYON

LIBRAIRIE EMMANUEL VITTE

Imprimeur-Éditeur

3, place Bellecour, 3.

1897

Supplément

A LA

POCHETTE DU CONSCRIT FRANÇAIS

... Jesum benedictum
nobis *post hoc exilium* ostende !

PRO DEO ✝ ET ECCLESIA

Aux Séminaristes et Religieux

OBLIGÉS DE PASSER UN AN AU SERVICE MILITAIRE

SUPPLÉMENT

à la Pochette du Conscrit français

DEUXIÈME ÉDITION, REVUE ET APPROUVÉE

L'ANNÉE DE SERVICE & LES VINGT-HUIT JOURS

Diligentius bona na
coque an   lon i
(lo   )

LYON
LIBRAIRIE EMMANUEL VITTE
Imprimeur-Éditeur
3, place Bellecour, 3.
1897

GRAND SÉMINAIRE
SAINT-IRÉNÉE

—

LYON

Lyon, le 28 septembre 1897.

Mon cher ami,

Je n'ai pas oublié le travail que vous m'avez confié : mais des occupations, sans trêve, et quelques fatigues ne m'ont pas permis de le parcourir aussi tôt que je l'aurais voulu. Vous excuserez ces retards bien involontaires.

Il est pourtant vrai que vos pages méritent d'être lues.

Elles révèlent, en leur auteur un esprit profondément sacerdotal, un zèle ardent et éclairé, une connaissance parfaite de la situation, étrange et douloureuse, du séminariste-soldat, une expérience rare et très personnelle des moyens, des industries, des précautions nécessaires à la persévérance.

Que cet opuscule devienne donc, comme je le désire et l'espère, le Manuel, bien compris et bien pratiqué, de tous nos séminaristes-soldats, et plus encore, peut-être, de ceux qui accomplissent la période des vingt-huit jours, et j'affirme qu'à leur retour, auprès de nous, ces chers lévites n'auront qu'à nous raconter des victoires, et nous n'aurons nous-mêmes qu'à rendre des actions de grâces à Notre-Seigneur, qui les aura non seulement conservés, mais sanctifiés dans l'épreuve.

On n'apercevra même plus, en eux, la moindre trace, le plus léger souvenir de cet inqualifiable *je ne sais quoi*, qui reste en plusieurs, pour nous attrister et les amoindrir.

Que Dieu donne la bénédiction à votre travail, mon cher ami ; vous avez, en le composant, et plus encore, en le pratiquant, bien mérité de l'Église et du sacerdoce.

Vous savez combien je vous suis affectueusement dévoué en Notre-Seigneur.

J. LEBAS,
P S. S. *sup.*

J. M. J.

RÈGLEMENT ET CONSEILS

POUR LES

Séminaristes-Soldats.

———

I. Les séminaristes-soldats regarderont leur service comme une épreuve que Dieu a permise et qu'ils doivent accepter avec courage et supporter avec patience.

II. Comme ils savent qu'il faut à tout prix conserver leur vocation, et continuer dans ses conditions difficiles, pour parvenir aux saints ordres, ils n'oublieront jamais que la persévérance n'est possible que par la vigilance et la prière.

III. Ils auront partout dans leur tenue et leur style la page modestie et la réserve qui conviennent à des ... et ils se tiendront en garde contre le sans-façon dans les allures et les propos et contre toute liberté ... essentielle.

IV. Dans l'accomplissement de leurs devoirs d'état, ils s'inspireront des pensées de la foi, ils voudront être les meilleurs soldats de leur compagnie, respectueux et obéissants envers leurs chefs, ..., serviables, toujours et ... apôtres s'il est possible, envers leurs camarades.

V. Chaque jour ils feront ... et ...

VI. Au premier moment libre, ils s'appliqueront à la méditation d'une pensée pieuse. et surtout de quelqu'une des grandes vérités de la foi ; et dans la journée ils élèveront souvent leur âme à Dieu.

VII. Ils feront dans la soirée leurs autres exercices de piété : la visite au saint Sacrement, la lecture spirituelle, le chapelet.

VIII. Partout où ils seront, on leur procurera en dehors de la caserne un local où ils puissent se retirer et faire en paix leurs exercices : ce sera, selon les circonstances, le séminaire, le presbytère ou l'aumônerie militaire.

IX. Ils s'y rendront chaque soir, à moins d'empêchement : ils y feront leurs exercices, et, lors même qu'ils auraient leur famille en ville, ils aimeront à passer le plus de temps possible dans la compagnie de leurs confrères.

X. Ils se réserveront, chaque soir, au moins une demi-heure de travail sérieux, pour entretenir en eux le goût des études ecclésiastiques. Mais ils rejetteront loin d'eux comme une peste les livres dangereux et les journaux suspects.

XI. Ils se confesseront chaque semaine, et communieront le plus souvent qu'il leur sera possible. Ils assisteront chaque dimanche à la grand'messe et aux vêpres.

XII. S'ils s'absentent le dimanche pour aller dans leur famille, ce qu'ils ne feront que rarement et toujours avec la permission des prêtres auxquels ils sont confiés, ils auront soin de faire la sainte communion avant de partir, et d'accomplir dans la journée tous leurs devoirs religieux.

XIII. On les invite à revenir souvent au séminaire pour y revoir leurs directeurs ; mais en entrant dans la maison, ils en observeront les règles : ils ne verront leurs confrères que pendant les récréations, jamais dans les chambres.

XIV. Le premier dimanche de chaque mois, ils feront une petite retraite du mois, et écriront à leur directeur.

XV. Ils pourront aller à la cantine, si cela est nécessaire pour soutenir leur santé ; mais, hors le cas d'une vraie nécessité, ils n'iront pas au café ni au restaurant, jamais au théâtre.

XVI. Ils se montreront toujours dociles aux avis du prêtre auquel ils sont confiés, et très reconnaissants pour les services qu'ils en reçoivent.

Vu et approuvé :

† Pierre, Cardinal COULLIÉ,
archevêque de Lyon et de Vienne.

A. M D. G.

Bien chers amis,

Vous ne sauriez croire avec quel amour paternel, avec quel respect de vos âmes, j'ai réuni dans ces pages quelques conseils qui vous aideront à parcourir la route nouvelle que vous allez entreprendre. C'est sur la demande de vos aînes et de vos bons supérieurs que j'ai fait ce travail, et je ne l'ai pas écrit sans émotion, telle ou telle page me rappelant de bien touchants souvenirs.

Ce supplément ne contient aucun des avis propres à tous les soldats chrétiens, avis que vous lirez dans la *Pochette du Conscrit français*, mais bien des conseils particuliers et spéciaux qui pourront vous aider à rester de vrais religieux et de fervents séminaristes, tout en étant de très dociles, mais de *provi soires soldats.*

Je dédie ces humbles pages à MARIE, votre Mère du séminaire, Notre-Dame des Armées, *Acies ordinata*. Elle vous a reçus pour ses enfants, qu'elle vous garde! Qu'elle vous protège! Qu'elle vous défende!

« *Da mihi virtutem contra hostes tuos.* »

Quid nos illaqueant improba gaudia?
Cur nos jam pigeat vincula rumpere?
DUX EST VIRGO SACERDOS
Fas sit quo properat sequi.
Ergo nunc tua gens se tibi consecrat.
Ergo NOSTRA MANES PORTIO TU DEUS,
Qui de Virgine natus
Per nos sæpe renasceris.

8 septembre 1897.

·⋟o⋞·

H. de Gaubert, pinx. 188   (appartient a l'église des Saintes-Maries-de-la-Mer (B.-du-R.))

LES STES MARIES CONDUITES PAR LES ANGES SUR LES CÔTES DE PROVENCE.

Confiez-vous aux Anges de la Vocation, ils vous conduiront au port.

PREMIÈRE PARTIE

L'ANNÉE DE SERVICE

I

Comment il faut envisager la loi militaire.

Toute récrimination est impuissante et inefficace. Le fait est là : il faut quitter le séminaire ; il faut laisser cette chapelle bénie, témoin des premières émotions du futur prêtre !

Il faut remplacer les salles du séminaire ou du noviciat par les chambrées de la caserne.. Au lieu des conseils paternels de maîtres vénérés, il faudra recevoir les froids et brusques commandements de ceux qui vous enseigneront la théorie militaire !...

Puisqu'il le faut, puisque force est à la loi, courbez-vous sans murmurer, mais n'oubliez pas que *l'année de service est une épreuve que Dieu a permise et qu'il faut accepter avec courage et supporter avec patience*. (Art. Ier du règlement des séminaristes-soldats du diocèse de Lyon.)

Les épreuves permises, et voulues par Dieu, ne sont pas sans mérites. Donc, en avant!

Pas de plaintes inutiles. Dieu redit cette parole à chacune des victimes de cette loi douloureuse: *sufficit tibi gratia mea.*

II

Intervention de la Bienheureuse Vierge Marie.

Et deficiente vino, dicit Mater Jesus ad eum : vinum non habent, et dicit Jesus : quid mihi et tibi est, mulier? Nondum venit hora mea. Dicit Mater ejus ministris : **Quodcumque dixerit vobis facite**

Notre-Seigneur va donc parler? Oui ; et sa parole se manifestera par de nombreuses et incessantes inspirations.

Rien ne sera perdu. Si dans le repas spirituel des élus du Maître, le vin parait manquer, pas de soucis : Marie est là, et, comme autrefois, les amphores auront leur eau changée en vin à sa prière. Mais il faut *les remplir* ces amphores, les remplir de l'eau de votre bonne volonté : il faut accepter *quodcumque dixerit vobis.*

Les inspirations, faites de cœur à cœur, ont un son non moins pénétrant que les paroles dites à l'oreille ; d'où nécessité d'être attentif pour ne rien perdre du *mot d'ordre donné par Jésus.*

Ceux qui seront fidèles pendant l'épreuve, peuvent s'attendre à recueillir pour leur futur ministère : « *metretas binas vel ternas,* » des grâces telles, que les mesures seront pleines et déborderont.

Ouvrez votre *Novum,* ce cher livre qui sera votre meilleur et plus fidèle conseiller, ce livre que vous ne devrez pas plus quitter que votre uniforme, et méditez ce miracle de Cana. (S. Jean, II, 1-12.)

Dans vos moments libres, prenez plaisir à réciter le petit office de la sainte Vierge : d'autres l'ont fait et ont toujours rapporté de cette prière officielle de l'Eglise, autant de force que de consolation. A l'antienne du *Magnificat : « Sancta Maria succurre miseris, juva pusillamines, refove flebiles .., interveni pro clero, sentiant omnes tuum juvamen »,* antienne si bien appropriée à leurs besoins, les larmes venaient à leurs yeux, et ils les laissaient couler!... Oh! oui, **juva pusillanimes, refove flebiles !**

Virgo potens, sicut turris David ; mille clypei pendent ex eâ, omnis armatura fortium.

III

Craintes légitimes de l'Eglise.

Elle ne craindrait rien, notre sainte mère l'Eglise, si. pendant cette année d'epreuves et d'exil, la route devait rester facile et sans dangers !

Mais vous avez des ennemis nombreux et tous intéressés à votre perte...

Pensez donc : quel succès pour Satan, si le missionnaire obligé de s'habiller en mandarin chinois allait devenir bouddhiste lui-même, si le père blanc d'Afrique allait adorer Mahomet, et si le clerc, le choisi, *l'élu de Dieu, allait redevenir séculier !*

Quand on arrache un arbre pour le replanter, il faut, si l'on veut qu'il revive, lui conserver ses racines, même ses radicelles ; autrement il se dessèche et meurt.

L'âme, elle aussi, a besoin de ses racines et de ses radicelles, pour que sur un autre terrain elle puisse vivre ; or, les lui conserverez-vous ?... La sève de la vocation continuera-t-elle à nourrir *toutes* les branches ?

N'oublierez-vous pas que le divin Jardinier est plus nécessaire que jamais ? *Sine me, nil potestis facere.*

IV

Pourquoi l'Eglise peut et doit espérer.

1° « Parce que vous voulez à tout prix conserver votre innocence ; parce que vous voulez continuer dans ces conditions difficiles votre préparation aux saints ordres et que vous n'oublierez jamais que la persévérance n'est possible que par la vigilance et la prière. » (Règl. Lyon. Art. 11.)

Puis, si le terrain change, l'âme ne perd pas ses racines

Sur ce nouveau terrain, le costume n'est plus le même, mais il importe peu à la persévérance qu'il soit rouge ou noir. C'était, il est vrai, la barrière qui protegeait votre vocation, mais vous vous en créerez d'autres. Puis, cette chère soutane, en entrant avec vous dans le magasin d'habillement, communiquera les bénédictions qu'elle a reçues, à l'uniforme militaire.

Cette entrée à la caserne avec votre soutane a son importance : ne laissez pas à la timidité la permission de paralyser votre énergie ; plus tard, vous recueillerez les fruits de cette confession indirecte de votre foi et de votre vocation.

2° Si vous ne pouvez conserver votre habit ecclésiastique, personne du moins ne pourra vous empêcher de garder vos vœux, ces racines fondamentales de l'arbre spirituel.

La pauvreté? mais elle s'impose d'elle-même.

L'obeissance ? Il ne tient qu'à vous de rester soumis, et de ne pas cesser d'être le *vinctus Christi.*

La chasteté? mais il n'y a pas, grâce à Dieu, de puissance au monde capable de briser ce lien entre Jésus et vous.

Reste la sainte règle. Eh bien, elle ne réprouve aucune des modifications nécessitées par les circonstances nouvelles de votre vie.

« L'année de service militaire n'est point une suspension du travail de la préparation au sacerdoce; sous un autre costume et dans d'autres conditions, cette œuvre doit se poursuivre, et l'on doit, de la vie de seminaire, conserver tout ce qui n'est pas incompatible avec la nouvelle situation. » (Règl. de Rennes.)

Votre bonne volonté est pour l'Eglise un motif de ferme espérance. Dieu n'a-t-il pas ordonne à ses anges de vous garder? *Angelis suis mandavit de te; ut custodiant te in omnibus viis tuis. In manibus portabunt te... Conculcabis leonem et draconem.* (Ps. IX.)

V

Restez, « genus electum, gens sancta ».

L'officier français qui va en Allemagne, en tant qu'attaché militaire, perd-il dans ce changement de territoire quelque chose de son amour pour sa patrie? Oh! certes non; au contraire.

Or, n'êtes-vous pas les officiers, *ministri*, du Tout-Puissant? Restez donc ce que vous êtes : les officiers du bon Dieu, *rectores mundi.*

Ceux que vous allez rencontrer, gradés ou simples soldats, ce sont les serviteurs; mais vous, vous êtes les amis. *Jam non dicam vos servos, vos autem dixi amicos.*

Ne perdez rien de votre amour pour le noviciat ou le séminaire, *votre vraie patrie!*

« Ayez partout dans votre tenue et dans votre langage la modestie et la réserve qui conviennent à des séminaristes, et tenez-vous en garde contre le sans-façon dans les allures et les paroles, et contre toute liberté malséante. » (Art. III.)

Méditez ces conseils de l'Esprit-Saint :

Si intraverit sapientia cor tuum, pruden-tia servabit te, ut eruaris a viâ malâ, et ab

*homine qui perverse loquitur : qui relinquunt
iter rectum, et ambulant per vias tenebrosas.*

Pacti Dei tui memor sis. (Prov. ii, 10.)

Pas de fausse modestie, restez *gens sancta;*
attaché d'ambassade de l'Église, occupez-vous
des intérêts de votre patrie.

M. Guizot, causant un jour avec un Anglais,
lui demandait pourquoi l'Angleterre échappait
si bien aux révolutions qui bouleversent fré-
quemment l'Europe de notre temps. « La raison
en est simple, Monsieur le ministre, lui
répliqua son interlocuteur, c'est que, chez
nous, les honnêtes gens sont aussi hardis que
les coquins. »

« Le Dieu des armées attend plus de vous
que du commun des soldats, à cause des grâces
dont il vous a comblés. » (Mgr Becel.)

*Modicæ fidei quare dubitasti ?...
Confidite ego vici mundum...
Omnia possum in eo qui me confortat.*

VI

Moyen de persévérance : l'esprit de foi.

« La foi, dit le R. P. Félix, est un soleil; sous ses rayons, *tout* devient fertile; loin d'elle, tout est factice ou glacé. »

L'âme du séminariste a beau conserver toutes ses racines, si ces racines ne plongent pas dans ce terrain qui est l'esprit de foi, elles-mêmes commencent à se déssécher et occasionnent ainsi la ruine de l'arbre spirituel.

« *Voir Jésus en toutes choses et toutes choses en Jesus, s'aider de tout ce qui arrive pour nous tourner et nous élever vers Lui : voilà l'esprit de foi : Tout est là.* »

« L'âme appuyée sur l'esprit de foi s'encourage parmi les difficultés, parce qu'elle sait que Dieu aime, supporte et secourt les misérables qui esperent en lui : elle s'attache à Dieu et dit souvent que tout ce qui n'est pas Dieu n'est rien, *que ce qui n'est pas pour l'éternité n'est que vanité.* » (S. Fr. de Sales.)

Pour l'âme qui a l'esprit de foi, toutes les circonstances de la vie, dans leurs détails, leurs minuties et leurs variations, toutes ces circonstances sont pour elle l'expression de la volonté de Dieu, et elle les accepte.

De loin comme de près, elle rapporte tout à Dieu, parce que Dieu lui est toujours présent; elle ne marche pas, elle ne vit pas sans lui. *Ambula coram me, et esto perfectus.*

« Lorsque nous sommes en route et que nous apercevons un clocher, cette vue doit faire battre notre cœur, comme la vue du toit où demeure son bien-aimé fait battre le cœur de l'épouse... » (V. curé d'Ars.)

Pourquoi ne verriez-vous pas dans votre fusil, comme un souvenir de la Passion du divin Maître ? Lui aussi avait une croix sur les épaules.

La marche vous fatigue... la guérite vous expose au froid... les exercices multipliés vous accablent... les corvées vous font perdre un temps que vous pourriez croire mieux employé, laissez faire : acceptez tout cela par esprit de foi; voyez Dieu lui-même vous imposant tous ces sacrifices sans nombre, et vous les accepterez comme des semences précieuses qui, plus tard, vous donneront une abondante récolte.

Justus ex fide vivit, il n'est juste que parce qu'il a l'esprit de foi qui surnaturalise tout. *In omnibus sumentes scutum fidei, in quo possitis omnia tela nequissimi ignea extinguere.* (Eph. VI, 16.)

VII

Importantes considérations sur l'obéissance.

L'obéissance militaire est admirable de précision et de ponctualité; mais elle peut exister, sans que l'âme y puisse trouver aucun profit spirituel. L'âme peut être à l'obéissance militaire ce que les dents d'un rouage quelconque sont au fonctionnement régulier de la machines qu'elles actionnent.

Trop souvent le soldat obéit par routine ou par crainte des punitions; que de fois il passe à côté de l'ordre donné par le chef ou le règlement, lorsqu'il est sûr de ne pas être surpris : *Ad oculum serviens !*

Cette contrebande morale peut n'avoir pas de graves conséquences pour un soldat ordinaire qui se moque des grades et passe son temps à attendre le départ de la classe, mais pour un séminariste, elle a de très funestes effets.

Elle enlève d'abord tout mérite à l'obéissance : c'est déjà quelque chose.

De plus, elle donne au séminariste l'habitude de faire peu de cas des différentes infractions à la discipline : cette habitude le suit jusqu'au séminaire, où il a ensuite de la peine à s'en défaire.

Chefs pour chefs, règlement pour discipline, exercices de piété pour théorie : les couleurs se mélangent et les idées ne sont plus nettes.

On espérait qu'au contact du séminariste le soldat serait devenu plus chrétien ; or, c'est le séminariste qui, au contact du soldat, est devenu *un peu troupier !*

Tout chef doit être, pour le séminariste soldat, l'image de Jésus ; et intérieurement, en toute humilité, il lui dira : *Nihil gratius Deo possumus offerre quam ut dicamus ei : posside nos.* (S. Aug.)

Vir obediens loquetur victorias, il sait que cette devise a ses effets partout.

Fidelis obediens nescit moras, fugit crastinum, ignorat tarditatem, præripit præcipientem (S Aug)

A la caserne, comme au séminaire, parmi les soldats comme parmi les séminaristes, « les parfaits obéissent en aimant, ils aiment en obéissant, et l'amour de l'obéissance adoucit l'ordre d'obéir : on n'obéit plus par une dure nécessité, dès qu'on aime ce qui est prescrit ». (S. Léon.)

« L'exemple de la subordination et du respect doit venir de vous, de vous qui savez juger et penser. Vos railleries seraient doublement coupables, car vous en appréciez la portée ;

elles affaibliraient la discipline, cette force principale des armées, et deviendraient un crime de lèse-patrie.

« Et savez-vous ce qu'ont coûté souvent ces modestes galons de laine ? — Tenez, j'ai connu un humble paysan, à la mémoire rebelle, qui, la nuit, après l'extinction des feux, prenait sur son sommeil pour apprendre sa théorie à la lueur de l'unique bec de gaz allumé dans la caserne. Les a-t-il bien gagnés, celui-ci ? Et croyez-vous que l'homme capable d'un tel effort ne fera pas un bon serviteur de la France? (*Officiers et soldats*). »

VIII

Est-ce désobéir que de refuser de suivre le peloton d'instruction?

Un exemple tout récent (25 août 1897) sera une réponse plus autorisée et plus comprehensible que tout autre argument

« Après la revue de Krasnoe-Sélo, le prince Louis-Napoléon devait recevoir, avec tous les colonels et commandants, la croix d'officier de la Légion d'honneur, à l'occasion du voyage du président de la république.

« Or le prince, en des termes qui n'ont choqué personne, a décliné cet honneur : il a dit qu'à l'occasion de ce voyage et malgré son prochain congé, il avait tenu à présenter lui-même le régiment de l'Impératrice dans cette cérémonie patriotique, mais qu'il ne pouvait accepter aucun honneur, puisqu'il avait, dès le berceau, reçu de Napoléon III, le grand cordon de l'ordre de son pays! »

Vous aussi, refusez de suivre le peloton d'instruction : il vous conduirait aux grades, or les grades que vous avez reçus : *Vocatus a Deo, clerus Ecclesiæ*, paraîtraient diminués par les galons militaires.

Quelques-uns objectent que les grades donnent plus d'indépendance et de liberté : ils donnent aussi plus de relations avec les gradés, et avec ceux-ci, il est peut-être moins facile de conserver son indépendance et sa manière d'agir.

Refuser les grades ne peut être considéré par personne, comme un acte d'indiscipline, mais seulement comme une *digne et légitime protestation*.

- La loi vous oblige à passer un an au service militaire : force est à la loi. Obéissez, mais ne faites que le strict nécessaire. Laissez les grades à ceux qui, *vraiment soldats*, pourront plus tard rendre plus de services que vous. (1)

---

(1) Nous raisonnerions différemment s'il s'agissait de religieux obligés de passer *trois ans* à la caserne. Pour beaucoup de ceux-ci, en effet, les grades ont été un moyen d'acquérir plus d'influence sur leurs camarades; pour d'autres, au contraire, les galons ont fait naître le goût de la vie militaire, et la vocation religieuse a été abandonnée. Avant de prendre une décision à ce sujet, les religieux devront consulter leur directeur spirituel et s'en tenir à son avis.

· ⧸o⧹ ·

IX

Pas de persévérance possible sans la prière. |

« Une âme sans recueillement est un corps sans sommeil. » (P. Gratry.)

Au milieu de toutes les occupations presque mécaniques de la journée, l'âme du séminariste a besoin de se recueillir; autrement elle perdrait une partie notable de ses facultés et des aptitudes acquises.

Elle se recueille, elle se repose, elle renouvelle ses forces par l'esprit de prière. A la première minute du réveil, elle pense à Dieu qui est la portion de son héritage : *Dominus pars hæreditatis meæ et calicis mei, tu es qui restitues hæreditatem meam mihi.* Oh. que cette prière est touchante sur les lèvres du séminariste soldat !

« Oui mon Dieu, ma cellule est remplacée par la chambrée ! Ma soutane bénie est en dépôt auprès de ma pieuse mère, et quand même, je vous dirai la prière tant aimée : *Dominus pars...! pars mea in æternum !* »

Les Israélites captifs suspendaient leurs instruments aux saules qui les abritaient... *in salicibus suspendimus organa nostra ..* et tristes, ils disaient : « *Quomodo cantabimus canticum Domini in terrâ alienâ?*

Le séminariste soldat est aussi en terre étrangère; mais partout où est son Dieu, il est chez lui : *Ubi Deus, ibi patria.*

Exilé? non, il ne l'est pas : *Oratio nos constituit templa Christi.* (S. Chrys)

Pas de tentation qu'il ne puisse vaincre : *in tribulatione invocasti me et liberavi te.*

Nihil est homine orante potentius (S. Aug.)

L'ennemi a des ruses secrètes, des embûches habilement préparées : *incurrebamus deprecationibus : sunt enim arma cœlestia; sunt munimenta spiritualia et tela divina, quæ protegunt.* (S. Cyp.)

Ces armes célestes, ces flèches protectrices fournies par Dieu lui-même, sont la *meditation*, le *chapelet*, la *visite au Saint-Sacrement* (1), la *lecture spirituelle* et les *oraisons jaculatoires !* Quelles munitions inépuisables ! !

Qu'il ne se cache pas pour s'approvisionner à cet arsenal spirituel. Le courage qu'il mettra à faire *ostensiblement* sa prière, aura un double effet, celui de décupler son énergie, et celui, bien consolant, de préluder aux travaux de son futur ministère, en faisant de l'apostolat.

---

(1) Dans plusieurs villes, les séminaristes soldats se procurent le bonheur de passer, une fois par mois, la nuit devant le T. S. S. On devine les intimités eucharistiques qui sont la récompense de cette *filiale attention* pour le divin Maître.

Un mot sur les études à faire

Les études ecclésiastiques vont si bien avec a prière! Ne les interrompez pas, prenez sur chacune de vos soirées une demi-heure pour la consacrer à l'étude. Ce moment de travail empêchera que votre intelligence ne se rouille, et puis *ce sera comme un parfum du séminaire*. (Règl. Lyon. Art X).

Vous ne pouvez pas évidemment transformer votre sac en bibliothèque, mais le séminaire, et à son défaut l'aumônier militaire, mettra à votre disposition tous les livres que vous désirerez.

Faut-il vous dire que ces quelques mois passés à la caserne peuvent ne pas être inutiles pour augmenter votre science apologétique? Vous entendrez chaque jour, mille préjugés contre la religion. Ce ne sera pas un travail perdu que de chercher, le soir, comment il faut y répondre, non pour discuter avec ceux qui sont souvent de mauvaise foi et ne veulent que s'amuser, mais pour asseoir les convictions de ceux qui cherchent réellement à s'éclairer.

En principe : « *Ne discutez pas*, dit le colonel Paqueron, *mais vivez bien · la lumière des œuvres éclaire tout le monde et ne froisse personne.* »

Pour ce qui est des études sociales et de leurs différentes solutions, soyez prudents et mettez-vous en garde contre cet *engouement juvénil*, qui tranche en maître et qui porte à se croire seul dans la vérité. « *In dubiis libertas; in omnibus caritas.* »

En tous cas, soyez bien persuade que les principes théologiques ne sont pas sujets aux fluctuations des systemes; l'on apprend dans une lecture méditée des saintes Ecritures, de l'Evangile surtout (que vous devez toujours avoir sur vous), bien plus de choses que dans tous les articles plus ou moins humoristiques des journaux quotidiens.

« *Nil novum sub sole.* » Le démon de l'erreur ne fait que changer de costume; mais c'est toujours ce même monstre que vous n'avez pas à craindre, parce que, pour le combattre, même sur ce terrain, vous avez dans votre foi et votre obéissance « *tela divina quæ protegunt* ». Là et partout ailleurs on peut se rappeler cette devise du cardinal Pie : *Le premier succès appartient aux forts et aux puissants ; le deuxième aux habiles, mais la troisième et définitive victoire appartient aux saints.*

XI

Comment pratiquer l'esprit de mortification.

Sous l'influence de doctrines perverses et contraires aux lois et privileges de l'eglise, on veut vous séculariser : resistez dans la mesure où cela vous est possible et soyez plus seminaristes que jamais Vous êtes et vous serez heureux de rester « *vocatus a Deo, clerus Ecclesiæ* ».

Or vous comprenez bien que cette élection dont vous avez été l'objet de *la part de Dieu*, cette dignité ecclésiastique que l'Eglise vous a conferee, sont absolument incompatibles avec les habitudes séculières que le monde voudrait vous imposer. Car, croyez-le bien, ce n'est pas tant pour vous apprendre à manier un brancard d'infirmier ou à porter un fusil, dont vous n'aurez pas à vous servir, que vous êtes revêtu de l'uniforme militaire ; non, l'esprit qui preside à la loi qui vous appelle à la caserne dérive d'un tout autre motif, et de considérations très étrangères aux necessités militaires.

Entourez-vous donc de toutes les précautions possibles pour lutter contre tout ce qui serait un empiétement de l'esprit du monde A mesure qu'il pénétrerait, l'esprit de Dieu vous quitterait et alors que deviendrait votre vocation?...

« *Via vitœ, custodienti disciplinam.* »

« *In semitâ jutitiœ vita : iter autem devium ducit ad mortem.* »

« *Semper mortificationem Jesu in corpore nostro circumferentes.* »

Meditez ces textes et vous arriverez à cette conclusion nécessaire : n'avoir aucun compromis avec l'esprit du monde, mais *aucun*.

« N'affectez pas le ton et les manieres d'un vieux sergent ; ce qui se supporte chez un sous-officier n'est pas acceptable chez un séminariste.

« N'allez jamais au café, à moins que les nécessités du moment ne vous obligent à y prendre un repas, par exemple pour cause de sante.

« Ceux qui vous engagent à y venir avec eux, pour un autre but comprendront tres bien que vous ne vouliez pas vous exhiber en public, une chope ou une queue de billard à la main ; et même auprès d'eux, vous gagnerez en prestige et en considération. »

Ces conseils sont d'un aumônier militaire, M. de Meissas ; voici ceux d'un officier : « Ne vous compromettez jamais en faiblesses coupables... soyez bons sans être familiers... ne trinquez jamais avec les hommes... Tous vos actes sont commentés, il faut que *vous soyes insoupçonnables...* »

« Une fois ouverte, la porte des concessions ne se referme plus. »

« *Efficacius est testimonium vitæ quam linguæ.* »

Il n'y a que le premier pas qui coûte. Visez haut, pour ne pas manquer le but.

Du moment où vous vous serez fait une loi inviolable de refuser tout ce qui pourrait vous donner *un air moins ecclesiastique* ou une apparence de séculier, les actes, tous les actes de la vie militaire vous apparaîtront comme autant de sources de mortifications méritoires où vous serez heureux et fier de puiser.

Et puis quelles abondantes bénédictions pour l'avenir : « *Quia fecisti viriliter et confortatum est cor tuum, eo quod castitatem amaveris, ideo et manus Dominus confortavit te, et ideo eris* BENEDICTUS IN ÆTERNUM. » (Jud. XV, II.)

XII

Zèle et charité.

« *Pour Dieu et pour l'Eglise !* » Avec ce cri de guerre on va loin sur le terrain de l'ennemi, et ici plus que partout ailleurs il faut prendre l'offensive. Un général prussien n'a-t-il pas dit : « Toute ville assiégée est une ville à moitié prise » (de Moltke).

Soyez apôtres et vous n'aurez pas à craindre les traits de l'ennemi : l'apostolat est la meilleure de toutes les cuirasses.

Voyez la mission que vous êtes appelés à remplir, dans ces conseils si pratiques du cardinal Lavigerie :

« Mes enfants, remerciez Dieu de ce que vous allez pouvoir évangéliser ces soldats, ces frères, à qui on a voulu enlever toute pensée, toute pratique de foi. Ils n'ont pas de prêtres parmi eux, mais vous allez pouvoir leur prêcher de près par vos exemples. Vous êtes les ministres de Dieu.

« Prêchez par l'accomplissement de tous vos devoirs.

« Prêchez par votre courage, votre exactitude, votre discipline.

« Prêchez par le respect et l'attachement pour vos chefs qui seront les premiers à vous estimer et à vous plaindre.

« Prêchez par la pureté, par l'honneur, par la probité de la vie.

« Ne cherchez pas à vous ériger bruyamment ni en prédicateurs, ni en docteurs, ni en redresseurs de torts, surtout envers des soldats plus anciens ou ceux qui ont le droit de vous commander. Contentez-vous de l'exemple.

« Exercez la charité vis-à-vis de tous.

« Rendez à tous, les services que vous pourrez leur rendre Vous ferez peut-être ainsi plus de bien réel et vous attendrez plus d'âmes que les aumôniers.

« L'exemple d'une vertu courageuse reproduira pour vous le miracle de Daniel. Après avoir été jeté dans la fosse aux lions, il en est sorti triomphant aux yeux des persécuteurs.

« Avec le secours de Dieu vous en sortirez aussi vous-mêmes.

« Rappelez-vous encore le miracle de Jean, l'apôtre bien-aimé, lorsqu'il eut passé par l'huile bouillante : « *Purior et vegetior inde* « *exit quam intravit.* »

XIII

Divers moyens de pratiquer le zèle et la charité.

Partez de ce principe que vous êtes non « *æquales*, » mais « *patres in fide* ». Ce principe admis, vous trouverez vous-mêmes une foule d'œuvres de zèle et de charité à exercer envers vos camarades, entre autres :

Protégez les *minus habentes* contre les loustics et les dépravés de la chambrée, et cela surtout aux premiers jours de l'arrivée. L'occasion perdue, il n'est pas si facile de la retrouver. Rendez à tous les petits et fraternels services qui peuvent se rencontrer bien des fois dans les diverses occupations de la journée.

Ne refusez aucune corvée, car si vous ne la faites pas vous-mêmes, vous forcez ainsi les autres à l'accomplir, et ils sont loin de vous en être reconnaissants.

Ce n'est pas absolument rare de rencontrer des soldats que les premières séparations de la famille ont rendus tristes et découragés ; les consoler, c'est accomplir une œuvre spirituelle de miséricorde.

Faites-vous le secrétaire, le lecteur et même le professeur de l'illettré. On place très facilement, à côté de la leçon de grammaire, une leçon de catéchisme.

Faire sa prière ostensiblement est la charité des charités : *Exempla trahunt.* (Cf. la *Pochette du conscrit*, p. 33.)

Dans une chambrée de soixante lits, un dispensé qui avait une très belle voix, entonnait une ronde honnête à refrain, tous reprenaient le refrain... ils avaient plus de plaisir à entendre leur répertoire qu'à écouter de mauvaises conversations.

S'il y a dans la garnison une œuvre militaire, la faire connaître aux camarades... Redire de temps en temps l'heure des messes... Demander tout haut à l'aumônier à quelle heure on pourra se confesser, « *exempla trahunt* ».

Dans une ville, un séminariste très fort de bras et de langue, s'était donné la mission de lutter contre les entraîneurs au vice. A la fin, on le redoutait tellement que quelques-uns se cachaient même pour aller au café...

Un autre avait une spécialité, celle de guérir les maladies; si la maladie était ces *malaises* que la chaleur et les eaux rendent très fréquentes, il en avait vite raison par un simple morceau de sucre sur lequel il mettait six à huit gouttes du mélange suivant: laudanum, éther et fleur d'oranger. Pas un seul mal de dents qu'il n'essayât de soulager par quelque dentifrice que lui fournissait un pharmacien complaisant.

Ah ! qu'elles nt heureuses les chambrées et les œuvres mires où les religieux et les séminaristes veulent être des apôtres, « *Patres in fide.* »

Chassez donc toute timidité, allez-y hardiment : « *Audaces Deus juvat* »; et puis : « *Beati mites quoniam possidebunt terram.* »

XIV

Méthode originale pour prendre de l'influence.

J'aime mieux aller avec un tel, il fait bien rire ! Voilà une phrase que les bleus répètent dix fois par semaine... Donc, le talent de distraire est pour quelque chose dans le choix qu'ils font de leurs amis. Et ce que les bleus ont la simplicité de dire, les autres le font sans le dire ou sans même s'en rendre compte.

Alors comment faire rire ? comment distraire ? comment amuser ?

Utilisez vos aptitudes... S'il y avait un moyen uniforme et infaillible, je serais heureux de vous l'apprendre, mais ce talent varie beaucoup.

Tel amuse toute une galerie en racontant quelques bons mots qu'il a lus dans les almanachs, dans *la Croix de Paris*, etc., et qu'il a eu la chance de ne pas oublier. — Un des soldats d'une œuvre militaire avait pris la patience de collectionner tous ces bons mots... On faisait cercle autour de lui, soit à l'œuvre, soit à la chambrée.

Tel autre a un talent naturel pour raconter et embellir les histoires. Sur ses lèvres, les traits· les plus simples, revêtent des couleurs fantastiques et savent créer un intérêt des plus soutenus.

Un autre, au contraire, excelle dans l'art de faire des mystifiés, mais évidemment ne blesse jamais personne.

D'autres sont quelque peu prestidigitateurs, et sans être des élèves de Robert Houdin, sont habiles à donner l'illusion. .

Utilisez vos aptitudes. Peut-être trouverez-vous dans la *Pochette du Boute-en-train* (1), un aide-mémoire de quelque utilité. Nous serions très heureux d'avoir contribué à développer vos talents. Ceux qui reçoivent *la Veillée des Chaumières* et *l'Ouvrier*, ont déjà pu apprendre quelques bons tours de magie blanche.

Je ne parle ni des musiciens, ni des déclamateurs, ceux-ci sont certains de grouper un bon nombre d'admirateurs, et le théâtre des œuvres militaires sera tout heureux de leur devoir ses petits succès du dimanche soir..

---

(1) Mame, éditeur.

XV

« Per ipsum cum ipso et in ipso »

« Savez-vous ce que font les bergers en Arabie quand ils voient éclairer, tonner, et l'air chargé de foudres ? Ils se retirent sous les lauriers, et eux et leurs troupeaux. »

« Que si les fruits les plus tendres et sujets à corruption, comme sont les cerises, les abricots et les fraises, se conservent aisément toute l'année étant confits au sucre et au miel, ce n'est pas merveille si nos cœurs, quoique frêles et et faibles sont préservés de la corruption du péché lorsqu'ils sont sucrés et revêtus de la chair et du sang incorruptibles du Fils de Dieu… Misérables, pourquoi êtes-vous morts, ayant à commandement le fruit et la viande de vie ? »

N'est-ce pas que ces conseils du saint évêque de Genève s'adaptent très bien à l'état de vie où vous entrez ?

Les orages seront fréquents : le tabernacle, le parfum de Jésus-Hostie vaut le meilleur des paratonnerres

Votre âme peut être tendre et délicate comme le plus délicat des fruits, elle se conservera faci-

lement si vous l'enduisez de ce miel céleste
que vous trouvez dans la sainte communion
« Ou Notre-Seigneur n'est pas, j'étouffe. »
(Colonel Paqueron.)

Pour continuer l'admirable comparaison de
saint François de Sales, disons qu'il est prudent
d'examiner votre âme et de voir si quelque
contact étranger ne viendrait pas à votre insu,
enlever ce revêtement de miel et de sucre.
C'est là le travail du directeur à qui vous con-
fierez votre âme pendant le temps de l'épreuve.

Il est donc nécessaire de lui dire, à votre
première visite qui vous êtes et quels degrés
vous avez déjà gravi des saints ordres. Plus ils
sont délicats et précieux, plus les fruits exi-
gent de soins et de sollicitudes.

Allez souvent au séminaire retremper votre
âme dans les saintes énergies... De cet arsenal
spirituel, emportez à l'œuvre militaire où vous
serez les auxiliaires de l'aumônier, toutes les
provisions de zèle et de charité que vous pouvez recueillir.

S'il n'y a pas de séminaire, passez tous vos
loisirs aux œuvres militaires. S'il n'y en a
pas dans la garnison et s'il vous est impossible
d'aider à en créer une, n'oubliez pas qu'il vous
reste encore et le *presbytère* et l'*église*.

« *Quid times? Christum vehis.* »

———

XVI

Bouquet spirituel

« Oui, mes chers enfants, les anges du sanctuaire, où vous aspirez à revoir le Dieu vivant, prendront grand intérêt à vos luttes et à vos efforts. Quelle désolation s'ils vous voyaient faillir et succomber aux tentations qui ne vous seront point épargnées ! Ne serez-vous pas, en effet, exposés à perdre votre vocation ou à contracter des habitudes inconciliables avec les obligations sacerdotales ?

« Pensez-y bien ! les hommes qui auraient causé vos défaillances et vos chutes deviendraient d'impitoyables censeurs. Leur joie satanique irait jusqu'à s'en prendre au sacerdoce, qu'ils condamneraient injustement en votre personne. *Ab uno disce omnes!* s'écrieraient-ils triomphalement. Les plus pervers sont généralement sans miséricorde.

« De telle sorte que votre dechéance rejaillirait jusque sur l'Eglise elle-même, par suite de la malveillance et de l'injustice qui courent le monde.

« Veillez donc sur toutes vos démarches : *Estote prudentes sicut serpentes...* courage et
confiance ! *Estote fortes in bello.*

Plaise à Dieu, qui peut seul tirer le bien du
mal, que votre apparition dans un monde si
opposé à vos goûts, à vos aspirations, à vos
aptitudes, à vos intérêts, sans vous être trop
préjudiciable, soit un gage de sanctification
pour vos compagnons d'armes ! *Un compagnon
d'armes !* Hélas ! faut-il que je sois obligé de
tenir un pareil langage, contraire aux prescrip-
tions du droit canonique et même à l'esprit de
la nouvelle loi militaire !

« Puissent nos braves soldats apprendre de
vous à mieux servir Dieu... Ah ! si vous aviez
l'heureuse fortune de passer ainsi, en faisant
le bien, vous auriez justifié une fois de plus
cette sentence du grand apôtre : *Diligentibus
Deum omnia cooperantur in bonum !* »

(Mgr Bécel à ses séminaristes.)

Si jamais le découragement venait à gagner
du terrain dans votre âme, et si, fort de cette
arme toujours meurtrière le démon venait à
couvrir de poussière et de sable le chemin du
retour au séminaire, au point de vous le ca-
cher et de vous égarer, rappelez-vous ce que
nous lisons dans les chroniques de saint François.

Un de ses religieux avait résolu de reprendre le chemin du monde: en s'en allant, il aperçut un crucifix, il se mit à genoux et implora sa miséricorde.. A peine eut-il achevé sa prière, qu'il tomba en extase et il vit Notre-Seigneur lui apparaître avec sa bienheureuse Mère : « Mon fils, lui dit le divin Maître en lui montrant la plaie de son Sacré Cœur, oignez votre main du sang de ma plaie et votre âme sera guérie. » Le soir même, il retrouvait sa cellule, son règlement et sa chapelle !

Induite vos armaturam Dei, ut possitis stare adversus insidias diaboli. (Eph., VI, 11).

Magnus miles Georgius Dominum suum imitatus, martyr, ad certamina sese tradidit; et victoriam reportans, Ecclesiæ Christi custos effici meruit. (Hym. Græc.)

DEUXIÈMÉ PARTIE

LES VINGT-HUIT JOURS

Pour vous donner une idée exacte de la période des vingt-huit jours de service auxquels la loi militaire vous astreint, lisez ces deux versets de l'Evangile de S. Matthieu. *Tunc dixit: revertar in domum meam unde exivi... et veniens, invenit eam vacatem, scopis mundatam et ornatam. — Tunc vadit et assumit septem alios spiritus secum nequiores se.* (XII, 44. 45).

Le démon doit avoir contre vous comme un arriéré de fureur.

Vous l'avez vaincu pendant votre année de service et il prétend se venger.

Reprenez donc les mêmes armes, les mêmes précautions, et vous aurez les mêmes victoires, *et fiunt novissima illius* meliora *prioribus.*

Plusieurs séminaristes demandent quelquefois à devancer l'appel : devancez l'*année d'ap-*

pel, si cela est possible et vous convient mieux ; mais ne devancez jamais *l'époque de l'appel* et en voici la raison :

Si vous devancez l'époque de l'appel, vous courez grand risque d'abord d'être seul séminariste, et puis de vous trouver au milieu d'étudiants qui pourront ne pas être des mieux disposés à votre égard. Au lieu que, partant ensemble, vous êtes tous réunis, et, là plus que partout ailleurs, l'*union fait la force.*

Je laisse la parole au chanoine Boyer, aumônier militaire de Bordeaux, vous ne trouverez nulle part des conseils plus pratiques que les siens.

« *Hoc autem scito quod in novissimis diebus instabunt tempora periculosa...* Si vous voulez vous conserver *fortes in bello... Testor coram Deo et Christo Jesu et electis angelis ut hæc custodias sine prejudicio.* »

1° « MM. les prêtres, diacres, sous-diacres, minorés, clercs, obligés de subir les conséquences de la triste loi qui a été édictée contre l'Église, doivent s'y soumettre avec un esprit d'humilité profonde, et offrir à Dieu toutes les peines, les fatigues et les ennuis de cette situation anormale. Leur attitude devra être très réservée. *Il faut qu'à travers le costume militaire, tout le monde puisse voir l'ecclésiastique.*

*
* *

2° « *Ils seront pieux, dévoués au service des malades.* Ce sera la plus belle, la plus noble protestation contre cet état de choses. Ils feront ainsi un bien immense sur l'esprit des soldats qui bien souvent, n'aiment pas le prêtre parce qu'ils n'ont pas eu l'occasion de l'approcher, et qui, par eux, apprendront à le connaître et reviendront de leur erreur. Ce sera, enfin, un moyen de voir grandir la sympathie de tous à leur endroit, et d'attirer, sur leur futur ministère, les grâces abondantes du ciel.

*
* *

3° « Ils doivent se prémunir contre cette excuse fallacieuse, par conséquent très dangereuse, *qu'ils sont en vacances*, qu'ils peuvent en prendre à leur aise en dehors du service militaire... Erreur, mes bons amis, souvenez-vous que le démon ne s'endort pas autour de vous. Il s'attachera à multiplier les dangers, il saura les revêtir de belles apparences propres à justifier vos demarches.

« Ecoutez le cri de détresse d'un des séminaristes qui accomplissait la *période des vingt-huit jours :* « Ah !... le démon savait bien ce « qu'il faisait en inspirant cette triste loi...

« Il savait que le plus dangereux, pour les
« vocations, ne serait pas *l'année de service...*,
« mais il réservait ses grands coups pour les
« vingt-huit jours, pendant lesquels le reser-
« viste jouit d'une grande liberté relative. . »
Malheur à lui, en effet, s'il profite de cette
liberté pour se répandre dans le monde et pour
satisfaire sa curiosité.

4° « *Le monde, chers amis, vous devez le*
fuir avec le plus grand soin. Pénétrez-vous bien
de cette grande vérité : vous devez être *bonus*
miles Christi... Le bon sodat ne doit aller dans
la mêlée qu'armé de toutes pièces.

« Le monde aura peu de prise sur vous si
vous êtes revêtu de votre sainte soutane : avec
elle vous avez une garantie, avec elle vous
pouvez affronter bien des dangers, marcher à
votre aise et conserver l'espérance de triom-
pher des difficultés ; tandis que l'habit militaire n'est pas le vôtre ; vous serez obligé de
l'endosser. Loin d'être une garantie, il sera un
moyen de glisser plus facilement sur la pente
du mal.

« A plus forte raison devrez-vous éviter de
prendre un habit civil. Je ne balance pas à dire
que *le séminariste devenu provisoirement*
soldat, qui quitte l'habit militaire pour prendre
un autre vêtement QUE SA SOUTANE, *doit se con-*
sidérer sur le **bord du précipice.**

*
* *

« 5º Evitez, ou au moins soyez très sobre de demander des permissions soit de la *nuit*, soit de *vingt-quatre heures.*

« Des officiers très compétents n'hésitent pas à dire que la fréquence des permissions que l'on accorde aux soldats à notre époque est la grande plaie qui nuit à l'esprit militaire. Je ne m'applique pas à vous le faire comprendre, ce n'est pas votre cas ; mais je ne crains pas d'affirmer que ce serait un grand danger pour votre vocation.

Pour vingt-huit jours que vous avez à passer loin des vôtres, quelle nécessité pour vous d'y retourner, d'aller vous y montrer ainsi travestis ?. . Vous êtes vicaire dans une paroisse ? quel effet, quelle impression y feriez-vous sur l'esprit et sur le cœur de vos paroissiens, de vos pénitents ?...

*
* *

« 6º Prenez bien garde !! .., la loi vous appelle dans une grande ville que vous ne connaissez pas, ou vous ne connaissez personne...; vous y avez peut-être quelque parent que vous ne connaissez que pour en avoir entendu parler ...; vous demanderez des permissions pour y aller passer des soirées, la nuit peut-être, la journée du dimanche? Je ne saurais trop vous recommander une grande discrétion .. Ne serez-vous pas un sujet de gêne pour eux?.. Qui rencontrerez-vous dans ces familles? Vous y trouverez-vous à l'aise?

« Si ce n'est pas chez vos parents, ce sera peut-être chez les parents de quelques camarades avec lesquels vous vous serez lié en arrivant; — vous pourrez avoir reconnu des qualités chez ce camarade; mais ces qualités sont-elles chez les personnes que vous rencontrerez là?... — C'est à la campagne... Inconvénient plus graves, vous ne pourrez y aller que le dimanche; — sanctifierez-vous alors le dimanche comme un séminariste, un prêtre doit le sanctifier?.. Quel sujet d'édification laissera votre passage en cet endroit?... (1)

Je ne veux pas entrer ici dans des détails que me suggérerait l'expérience, mais que votre bon cœur doit vous faire deviner... »

---

(1) Les permissions du samedi au lundi ne seraient bonnes qu'autant que vous iriez passer votre temps dans une cure, un lieu de pélerinage ou un séminaire.

* *

Faites l'impossible pour pouvoir vous conformer au règlement suivant. Modifiez-le dans les détails, si cela est nécessaire ; mais gardez-en les grandes lignes.

Tous les ecclésiastiques réservistes d'une région l'ont suivi d'une manière édifiante : l'un d'eux disait que le règlement avait fait de la période des 28 jours une vrai retraite ecclésiastique.

RÈGLEMENT

ARTICLE PREMIER. — Dès leur arrivée, MM. les réservistes se rendent à l'Œuvre militaire, deposent leur valise dans la salle spéciale de dépôt et remettent à M. l'aumônier l'argent qu'ils ne veulent pas garder sur eux.

ART. II. — A l'heure assignée par leur ordre de convocation, ils se rendent à la caserne. Si on permet aux prêtres de loger en ville, ils reviennent demander à M l'aumônier l'adresse des chambres ou ils doivent se rendre. (On comprend l'utilité de ces indications)

ART. III. — MM. les prêtres se rendent, le lendemain matin, à 5 h. 1/2, à la sacristie de l'église, pour s'entendre sur l'heure à laquelle ils doivent dire la sainte messe. MM. les séminaristes assistent à la messe de communauté, qui se célebre à 6 heures précises. La prière et la méditation sont faites, à cette messse, par M. l'aumônier.

ART. IV. — La messe terminée, tous se rendent à la sacristie des enfants de chœur, pour répondre à l'appel nominal, après lequel ceux qui le désirent trouvent là, moyennant une modique retribution, une collation leur permettant d'attendre le repas de la caserne.

ART. V. — Après le repas du soir, MM. les réservistes viennent à l'eglise réciter le chapelet, entendre une courte instruction, et recevoir la benediction du très saint Sacrement (1). L'appel nominal est fait comme apres l'exercice du matin.

ART. VI. — Après l'exercice du soir, l'Œuvre militaire est heureuse de leur offrir, dans une salle qui leur est reservée, tout ce qu'il faut pour faire leur correspondance, et cela gratuitement.

ART. VII. — Il leur est interdit de quitter l'habit militaire, d'entrer dans les théâtres, cafés et concerts, sous peine d'être signalés à leurs supérieurs ecclesiastiques.

ART. VIII. — Dans le cas où ils auraient besoin de rafraichissements, qu'ils les prennent dans la salle de l'Œuvre qui leur est réservée et pas ailleurs : *Præbe exemplum bonorum operum... in gravitate.* Qu'ils s'interdisent de fumer.

---

(1) L'exercice ordinaire du soir est remplace, le vendredi, par le Chemin de la croix. Une méditation bien touchante et bien appropriee est celle composée par M. l'abbé Lucas Championniere, dans sa brochure : *le Directoire de la retraite du depart.*

Art. ix. — Le soir, à 9 h.1/2 au plus tard, ils devront être rendus dans leurs logements respectifs et ils ne prendront la permission de minuit qu'avec l'autorisation expresse de M. l'aumônier. *(Retour de permission du dimanche, ou Adoration nocturne.)*

Art. x. — Ils montreront pour leurs chefs une parfaite deférence, et ne se familiariseront avec aucun camarade. (Eviter le tutoiement même entre eux)

Art. xi. — Pour occuper les loisirs du dimanche, ils pourront aller ensemble visiter les pelerinages voisins

Art. xii. — Il sera fait, par les soins de M. l'aumônier, un rapport detaillé sur leur conduite Ce rapport sera tenu à la disposition de MM. les superieurs des seminaires.

Hoc fac et vives. (Luc, xvi, 28.)

« J'espere, chers amis, que vous ne verrez pas, dans les articles de ce petit reglement, l'expression d'une volonté arbitraire ; mais que vous comprendiez qu'ils sont la manifestation de cœurs desireux de conserver à Notre-Seigneur Jesus-Christ des vocations qui lui sont cheres, et qu'ils n'ont été inspires que par une expérience deja faite.

« *Omni tempore benedic Deum et pete ab eo ut vias tuas dirigat...* (1)

____

(1) Tobie, iv, 20.

« Songez qu'à votre depart pour la caserne, notre sainte *Mere l'Eglise se prend à pleurer* (1) sur les dangers que vous allez courir et qu'elle prévoit.

« Puissé-je pouvoir lui dire cette belle parole de Tobie : *Noli flere, salvus perveniet filius noster, et salvus revertetur ad nos... Credo quod Angelus Dei bonus comitetur ei, et bene disponat omnia, quæ circa eum geruntur, ita ut cum gaudio revertatur ad nos* (2).

« C'est ainsi que l'Eglise se rassurera : *ad hanc vocem cessavit mater ejus flere* (3); à votre retour au séminaire, rentre dans votre chère solitude, vous disposant à la digne réception des saints ordres, vous suiviez les conseils de l'ange du Seigneur : *vos autem benedicite Deum et narrate omnia mirabilia ejus.* »

Facile quæ dici et viretis.
(G. N , XIII 18)

---

(1) Tobie, v, 3.
(3) *Id.*, v, 26 27.
(4) *Id* , v, 28.

Aggressus singula perlustrare, ac sese ... ill... a frequenter ... has ... ad ... contemplationem ... dir... gl... custod... ... (S. Laur. Just.)

TROISIÈME PARTIE

QUELQUES TRAITS ÉDIFIANTS

Prière que récitait tous les jours le général de Sonis. (Un séminariste soldat la trouvera très opportune)

Mon Dieu, me voici devant vous, pauvre, petit, dénué de tout

Je suis là à vos pieds, plongé dans mon néant.

Je voudrais avoir quelque chose à vous offrir, mais je ne suis rien que misère.

Vous, vous êtes mon tout. Vous êtes ma richesse.

Mon Dieu, je vous remercie d'avoir voulu que je ne fusse rien devant vous. J'aime mon humiliation, mon néant.

Je vous remercie d'avoir éloigné de moi quelques satisfactions d'amour-propre, quelques consolations de cœur

Je vous remercie des déceptions, des inquiétudes, des humiliations. Je reconnais que j'en avais besoin, et que ces biens auraient pu me retenir loin de vous.

O mon Dieu, soyez béni quand vous m'éprouvez.

J'aime à être brisé, consumé, détruit par vous.

Anéantissez-moi de plus en plus.

Que je sois à l'édifice non pas comme la pierre travaillée et polie par la main de l'ouvrier, mais comme le grain de sable obscur, dérobé à la poussière du chemin.

Mon Dieu, je vous remercie de m'avoir laissé entrevoir la douceur de vos consolations. Je vous remercie de m'en avoir privé. Tout ce que vous faites est juste, est bon. Je vous bénis de mon indigence. Je ne regrette rien, sinon de ne vous avoir pas assez aimé. Je ne désire rien, sinon que votre volonté soit faite.

Vous êtes mon maître, et je suis votre propriété.

Tournez et retournez-moi. Détruisez et travaillez-moi. Je veux être réduit à rien pour l'amour de vous.

O Jesus! Que votre main est bonne, même au plus fort de l'épreuve! Que je sois crucifié, mais crucifié par vous!

Ainsi soit-il.

Sans respect humain !

L'amiral Dupetit-Thouars ne connaissait pas le respect humain. Il' pratiquait sa religion avec le sérieux et la dignité do t le soin se reflétait dans toute s conduite.

Il se confessait tous les quinze jours ; il communiait toujours en grand uniforme.

Un jour qu'un ami lui conseillait timidement de ne point revêtir sa tenue d'amiral pour s'approcher de la sainte table :

« Mais, repondit-il, c'est l'uniforme que je prends toujours quand je me rends auprès de mes supérieurs. »

En 1885, l'amiral avait suivi à pied, en uniforme, un cierge à la main, les processions de la Fête-Dieu à Cherbourg. La fureur des sectaires, l'embarras des ministres sont au comble... Que faire pour arrêter un tel scandale, un envahissement si dangereux du cléricalisme.

L'année suivante, le sous-préfet reçoit l'ordre de se rendre à la préfecture maritime et de faire comprendre à l'amiral que sa présence en costume officiel à une cérémonie religieuse à *peine tolérée* revêt un caractère blessant pour les autorités qui s'en abstiennent... On désire et *espère* que desormais il s'abstiendra.

« Est-ce que le bon Dieu a baissé d'un cran et perdu son grade, cette année ? » demande ironiquement l'amiral.

Puis, sans attendre la réponse du fonctionnaire interdit :

« Je ne sais, ajouta-t-il, si le bon Dieu est en baisse à la préfecture de Saint-Lô ; mais, pour moi, il est toujours le souverain Maître du monde ; je me ferai donc un honneur et un devoir d'escorter le saint Sacrement comme l'année dernière. »

Il l'escorta, en effet, revêtu de son plus brillant uniforme.

*
* *

Au mois d'avril 1890, lors du voyage de M. Carnot qui se rendait en Corse, l'escadre avait fait ses évolutions ; il était six heures du soir.

Sur la passerelle du *Formidable*, président de la République, amiraux, ministres et états-majors causaient avec animation.

Tout à coup, le roulement du tambour se fait entendre, annonçant la prière du soir.

Aussitôt Dupetit-Thouars se découvre et se tait. Tous l'imitent, et la prière s'achève dans un silence respectueux, tandis que le soleil descendait dans les eaux bleues de la mer ; et l'amiral, racontant ce trait à un ami, lui disait en souriant : *Enfin, je leur ai fait faire la prière à tous.*

Huit jours avant sa mort, au repas de noces de sa seconde fille, dans la vaste et imposante salle du *Formidable*, à une table de quarante couverts, au milieu d'épaulettes et de broderies d'or, il faisait réciter tout haut le *Benedicite*, et traçait sur sa poitrine un grand signe de croix.

« *Confitebor et Ego cum coram Patre meo, qui in cœlis est.* » (Math., x, 32).

Un souvenir des anciens jours !
La messe au camp.

Chaque dimanche, nous avions la messe au camp, et cette solennité à la fois militaire et religieuse, plus encore que les manœuvres, attirait des foules innombrables. Le spectacle méritait cet empressement, car il était féerique. En avant du front de bandière, à proximité du quartier impérial, sur un léger monticule qui l'exposait de toutes parts à la vue, l'autel était dressé, entouré de sapeurs, immobiles sous l'éclair de leur hache et la neige de leur tablier. Dans leur splendide uniforme de grande tenue, l'artillerie avec toutes ses pieces attelées, la cavalerie à cheval, toutes les troupes assistaient à l'office divin, disposées en rayons concentriques dont le calice d'or semblait le noyau.

L'empereur, suivi de tous les généraux et escorté d'un état-major presque aussi nombreux qu'un régiment, se rendait à pied à la messe. Lorsqu'il apparaissait, les troupes présentaient les armes, les tambours battaient aux champs, les clairons et les trompettes sonnaient Puis, toutes les musiques attaquaient l'air national que ponctuaient les salves de l'artillerie. C'était indescriptible, et les plus sceptiques d'entre nous étaient, à tout ce bruit accueillant l'homme derrière lequel semblait marcher la patrie debout, traversés par des frissons électriques, qui raidissaient les membres pour se résoudre en une goutte d'eau dans les yeux.

Pendant la messe, le général de brigade, qui commandait les troupes pour la circonstance, lançait à pleine voix les commandements nécessaires. Tous les brigadiers se succédaient dans ce service.

A l'élévation, le commandement de : « Genou terre! » retentissait. L'état-major doré se courbait, l'infanterie s'agenouillait en présentant les armes. Sur les chevaux immobiles, les crinières, les aigrettes et les plumes s'abaissaient derrière les raies lumineuses des sabres. Les canons tonnaient, environnés de blancs nuages. Et, au-dessus de toutes ces forces, de toutes ces gloires, de tous ces dévouements prosternés, LA DIVINE HOSTIE montait vers le ciel entre les doigts du prêtre.

C'était magnifique et grandiose; et c'était une pensée profonde et salutaire que celle de donner un pareil éclat au service religieux, parce que c'était montrer à tous ces hommes promis à la mort l'image de Dieu qui s'éveillera toujours, quoi qu'on fasse, dans le cœur du soldat, au moment du danger. *Vouloir détruire les sentiments religieux, c'est vouloir detruire les sentiments militaires* Le jour ou il n'y aurait plus de croyants, il n'y aurait plus de soldats, parce qu'aucune vision divine ne se pencherait plus sur l'homme, pour lui dire qu'en offrant son sang à la patrie, il trouvera là-haut des récompenses plus grandes et plus nobles que les éphémères jouissances d'ici-bas qu'on lui demande de sacrifier.

Général du BARAIL.

L'arrivée à la caserne. — La fin du service.
(Impressions d'un jeune soldat chrétien.)

.... Me voilà dans ma caserne, completement dépaysé, au milieu d'un monde nouveau pour moi. J'avais le cœur bien gros quand je

suis parti, et, malgré le courage affecté dont je
m'étais armé, le dernier regard que j'avais jeté
sur le toit paternel et l'église avait été troublé
par des larmes. Et les indifférents, lisant sur
mon visage le désarroi de mon âme, sem-
blaient me reprocher d'oublier un instant que
le service auquel j'étais appelé est une noble mission. Ils avaient raison de blâmer
mes larmes ; mais j'avais raison, moi aussi,
d'être triste '...

Oui, je le sais, et je m'en souviendrai pendant toute cette année, il est grand, l'homme
qui se tient prêt à défendre sa patrie à la première approche du danger, et c'est un noble
métier que celui de soldat. Je suis fier de penser que demain je porterai l'uniforme français, et je n'ai jamais compris pourquoi des
citoyens français font si peu de cas du soldat,
et relèguent toujours au dernier rang l'homme
revêtu de cet uniforme. Aussi n'est-ce point
la pensée qui m'attriste... Je suis chrétien, ma
famille est chrétienne, et avant d'avoir péné-
tré dans une caserne, je savais quels grossiers
blasphèmes mes oreilles seraient condamnées
à entendre .. Il n'y a pas une heure que je suis
ici, et j'en ai déjà fait la douloureuse expérience. Que de fois il me faudra fermer les
oreilles, et je ne le pourrai pas ! Je fermerai
du moins celles de mon cœur, j'en prends de
nouveau l'engagement comme je le prenais ce
matin encore devant Dieu. Je veux revenir à

la fin de mon année, *chrétien comme avant,
chrétien plus qu'avant...*

.....Hier soir, avant de m'endormir, je me
suis agenouillé auprès de mon lit, comme si
j'avais au-dessus de ma tête le crucifix de ma
petite chambre, pendant que ceux qui sont
maintenant mes camarades débitaient leurs
histoires sans en retrancher un seul blas-
phême. Je m'attendais à une série de quoli-
bets, peut-être même d'injures ; des chuchote-
ments seuls ont répondu a ma simplicité ! Qui
sait ? Ils se sont peut-être rappelé qu'autrefois ils ne se seraient pas endormis sans prier
Dieu !

Tout a l'heure, en me levant, je me suis
encore agenouillé : alors, sans s'adresser à
moi, ils ont fait tomber la conversation sur la
prière, et l'ont declarée inutile, bonne pour les
vieilles femmes et les curés. C'est egal, j'aime
mieux être comme les vieilles femmes et les
curés que ressembler à ces hommes devoyés et
ignorants auxquels les journaux farcissent
chaque jour la tète de sottises et de mensonges.
Je comprends pourquoi ils voudraient voir
tout le monde soldat : c'est qu'il faut avoir une
foi fortement trempée pour résister à l'influence délétère de cette atmosphère empoi-
sonnée ! non pas qu'ils opposent le moindre
raisonnement à la foi chretienne ; mais quelle
lutte acharnee pour la destruction des
mœurs !...

Eh bien, je lutterai ! *Si Deus pro nobis, quis contra nos ?*

... Aujourd'hui j'ai rencontré dans une chapelle un autre volontaire qui implorait sans doute les mêmes secours que j'y venais chercher : je suis sorti avec lui; nous ne nous étions jamais adressé la parole, connaissant à peine nos noms, et nous voilà une paire d'amis. Il en connaît un autre, chrétien comme lui; nous serons trois; nous nous soutiendrons par notre exemple.

... Enfin, voilà cette année achevée, et ce soir je serai rentré au foyer paternel. Oh ! quelle joie lorsque mon père me serrera dans ses bras, mon père dont je n'ai prostitué ni le nom ni l'honneur !

Quelle joie lorsque ma mere, en m'embrassant, plongera dans mes yeux un regard dont je n'aurai pas à redouter la profondeur !

Quelle joie lorsque demain, père, mere, freres et sœurs, nous irons tous ensemble à la table sainte, remercier Dieu et Marie de m'avoir gardé *chrétien comme avant, chrétien plus qu'avant.*

Henri de R.,
Mort diacre au séminaire de S. S.

TABLE DES MATIÈRES

PREMIERE PARTIE

L'ANNÉE DE SERVICE

DEUXIÈME PARTIE

LES VINGT-HUIT JOURS

TROISIÈME PARTIE

QUELQUES TRAITS ÉDIFIANTS

L. J. C.

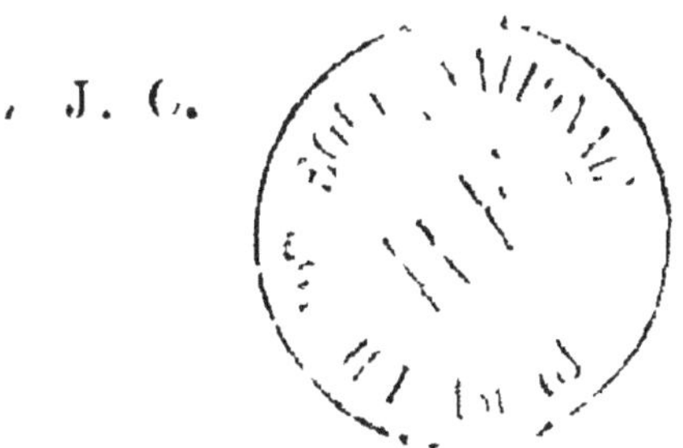

Lyon. — Imprimerie E. VITTE, rue de la Quarantaine, 18

DU MÊME AUTEUR

POCHETTE DU CONSCRIT FRANÇAIS

5ᵉ ÉDITION

« Voilà un opuscule qu'il faudrait mettre entre les mains de tous nos jeunes soldats. Tout ce qu'il renferme est juste, sage et parfaitement approprié à l'état militaire.

« De tels conseils sont le fruit de l'expérience, et nous les croyons appelés à faire beaucoup de bien.

« Lyon le 23 octobre 1896.

J. DÉCHELETTE, *vic gén.* »

POCHETTE

Illustrée de Pierre GUILLAUME

ou aide-mémoire du boute-en-train de la chambrée et des Œuvres (Déd ce spécialement aux directeurs d'œuvres, aux étudiants chrétiens et aux membres des retraites de départ.

« *Savoir remplacer les recreations douteuses par des amusements aussi irréprochables qu'attrayants, n'est-ce pas une des formes de l'apostolat militaire?* »